école - škola   2
voyage - putovanje   5
transport - transport   8
ville - grad   10
paysage - krajolik   14
restaurant - restoran   17
supermarché - supermarket   20
boissons - piće   22
alimentation - jelo   23
ferme - seosko imanje   27
maison - kuća   31
salon - dnevni boravak   33
cuisine - kuhinja   35
salle de bain - kupatilo   38
chambre d'enfant - dječija soba   42
vêtements - odjeća   44
bureau - ured   49
économie - ekonomija   51
professions - zanimanja   53
outils - alat   56
instruments de musique - muzički instrumenti   57
zoo - zološki vrt   59
sports - sport   62
activités - aktivnosti   63
famille - porodica   67
corps - tijelo   68
hôpital - bolnica   72
urgence - hitna pomoć   76
terre - Zemlja   77
...heure(s) - sat   79
semaine - sedmica, nedjelja   80
année - godina   81
formes - oblici   83
couleurs - boje   84
oppositions - suprotnosti   85
nombres - brojevi   88
langues - jezici   90
qui / quoi / comment - ko / šta / gdje   91
où - gdje   92

Impressum
Verlag: BABADADA GmbH, Nedderfeld 112 , 22529 Hamburg
Geschäftsführer / Verlagsleitung: Harald Hof
Druck: Books on Demand GmbH, In de Tarpen 42, 22848 Norderstedt

Imprint
Publisher: BABADADA GmbH, Nedderfeld 112 , 22529 Hamburg, Germany
Managing Director / Publishing direction: Harald Hof
Print: Books on Demand GmbH, In de Tarpen 42, 22848 Norderstedt

école
škola

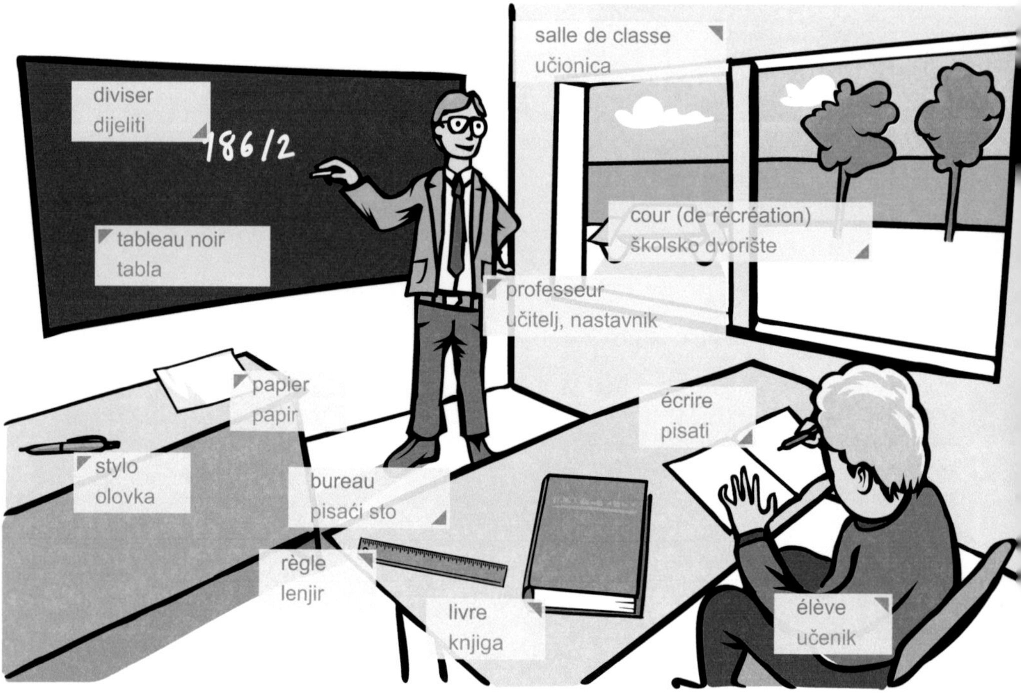
salle de classe
učionica
diviser
dijeliti
186/2
tableau noir
tabla
cour (de récréation)
školsko dvorište
professeur
učitelj, nastavnik
papier
papir
écrire
pisati
stylo
olovka
bureau
pisaći sto
règle
lenjir
livre
knjiga
élève
učenik

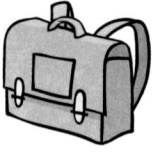

cartable

torba

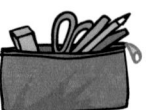

trousse

pernica

crayon

drvena olovka

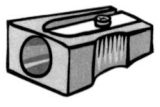

taille-crayon

šiljalo za olovke

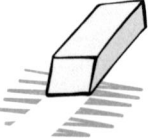

gomme

gumica

carnet à dessin

blok za crtanje

dessin

crtež

pinceau

kist

boîte de peinture

kutija s bojama

ciseaux

makaze

colle

ljepilo

cahier d'exercices

vježbanka

devoirs

domaća zadaća

chiffre

broj

additionner

sabirati

soustraire

oduzimati

multiplier

množiti

calculer

računati

lettre

slovo

alphabet

abeceda

mot

riječ

texte

tekst

lire

čitati

craie

kreda

leçon

sat

livre de classe

školski dnevnik

examen

ispit

certificat

svjedočanstvo

uniforme scolaire

školska uniforma

formation

izobrazba

lexique

leksikon

université

univerzitet

microscope

mikroskop

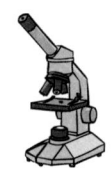

carte

karta

corbeille à papier

korpa za papir

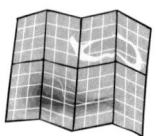

voyage
putovanje

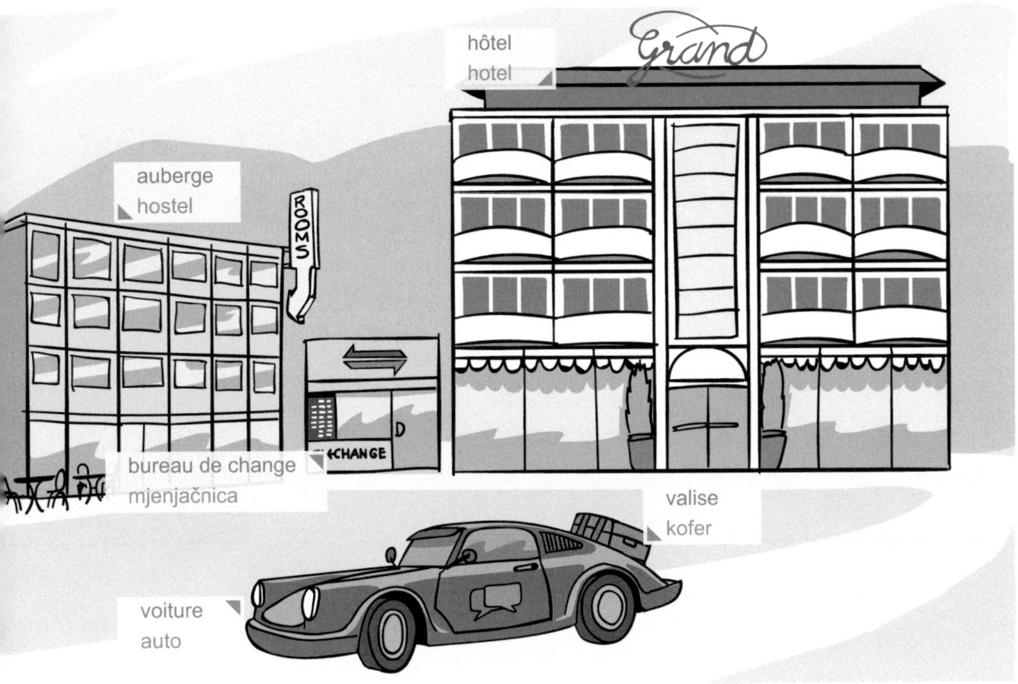
hôtel
hotel
Grand
auberge
hostel
ROOMS
bureau de change
mjenjačnica
CHANGE
valise
kofer
voiture
auto

langue

jezik

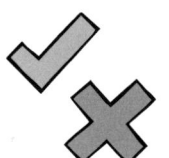

oui / non

da / ne

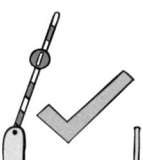

d'accord

okej

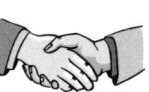

Salut

zdravo

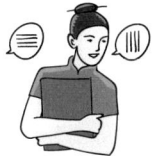

interprète

tumač

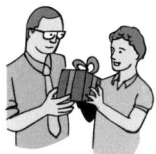

merci

hvala

Combien coûte...?

Koliko košta...?

Je ne comprends pas

Ne razumijem

problème

problem

Bonsoir !

dobro veče!

Bonjour !

Dobro jutro!

Bonne nuit !

Laku noć!

Au revoir

doviđenja

direction

smjer

bagages

prtljag

sac

torba

sac-à-dos

ruksak

hôte

gost

pièce

soba

sac de couchage

vreća za spavanje

tente

šator

office de tourisme

turističke informacije

plage

plaža

carte de crédit

kreditna kartica

petit-déjeuner

doručak

déjeuner

ručak

dîner

večera

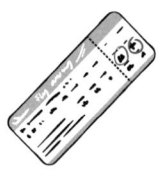

billet

putna karta

ascenseur

lift

timbre

poštanska markica

frontière

granica

douane

carina

ambassade

ambasada

visa

viza

passeport

pasoš

voyage - putovanje

transport

transport

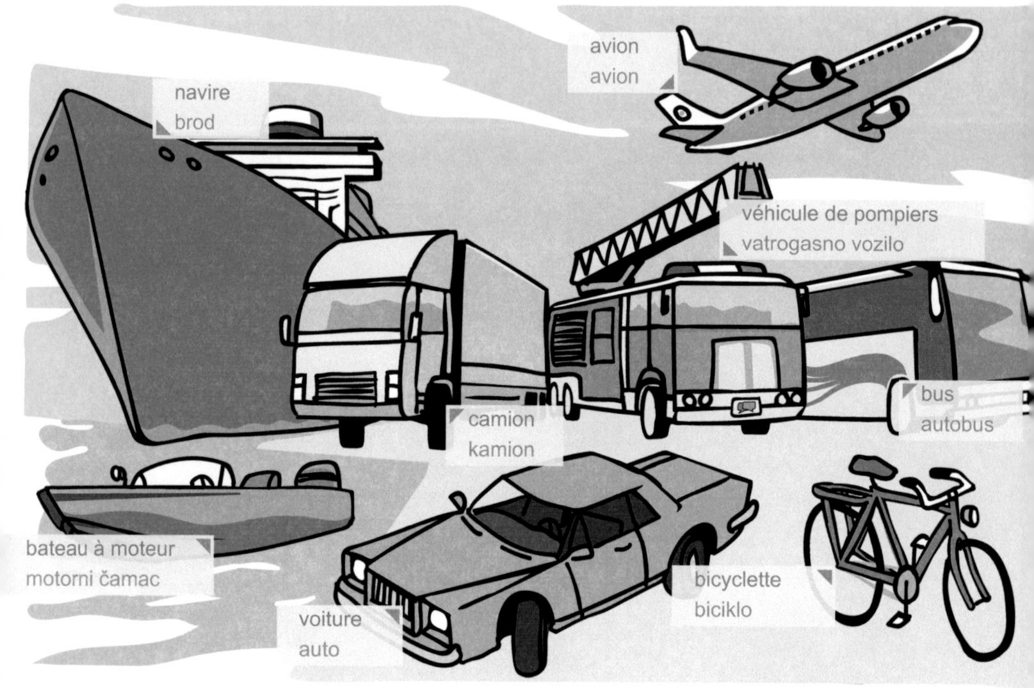

navire
brod
avion
avion
véhicule de pompiers
vatrogasno vozilo
camion
kamion
bus
autobus
bateau à moteur
motorni čamac
voiture
auto
bicyclette
biciklo

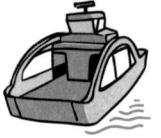

ferry

trajekt

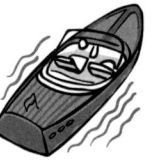

barque

brod

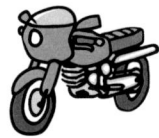

moto

motocikl

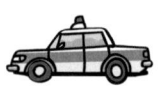

voiture de police

policijski automobil

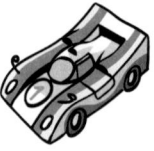

voiture de course

trkaći automobil

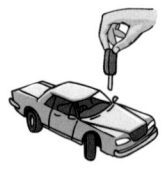

voiture de location

unajmljeni automobil

auto-partage

kar-šering

voiture de remorquage

pauk

benne à ordures

smećarsko vozilo

moteur

motor

essence

gorivo

station d'essence

benzinska pumpa

panneau indicateur

saobraćajni znak

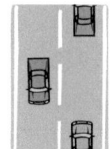

trafic

saobraćaj

embouteillage

zastoj

parking

parking

gare

željeznička stanica

rails

šine

train

voz

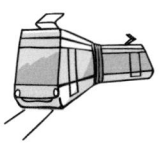

tramway

tramvaj

wagon

vagon

hélicoptère

helikopter

aéroport

aerodrom

tour

toranj

passager

putnik

conteneur

kontejner

carton

karton

chariot

tačke

corbeille

korpa

décoller / atterrir

poletjeti / sletjeti

ville

grad

village

selo

centre-ville

centar grada

maison

kuća

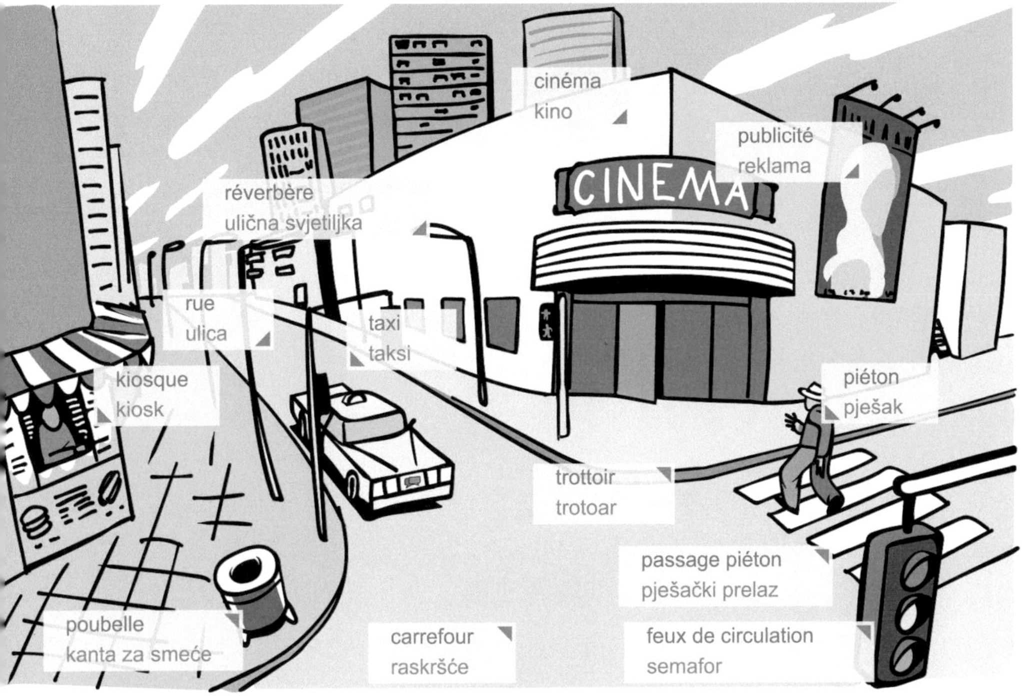

cinéma
kino

publicité
reklama

réverbère
ulična svjetiljka

CINEMA

rue
ulica

taxi
taksi

piéton
pješak

kiosque
kiosk

trottoir
trotoar

passage piéton
pješački prelaz

poubelle
kanta za smeće

carrefour
raskršće

feux de circulation
semafor

cabane
koliba

appartement
stan

gare
željeznička stanica

mairie
vjećnica

musée
muzej

école
škola

ville - grad

université

univerzitet

banque

banka

hôpital

bolnica

hôtel

hotel

pharmacie

apoteka

bureau

ured

librairie

knjižara

magasin

radnja

fleuriste

cvjećara

supermarché

supermarket

marché

pijaca

grand magasin

robna kuća

poissonnerie

prodavač ribe

centre commercial

trgovački centar

port

luka

parc
park

banque
klupa

pont
most

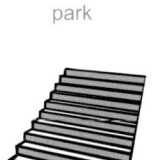

escaliers
stepenice

métro
podzemna željeznica

tunnel
tunel

arrêt de bus
autobuska stanica

bar
bar

restaurant
restoran

boîte à lettres
poštanski sandučić

panneau indicateur
saobraćajni znak

parcmètre
sat za naplatu parkinga

zoo
zološki vrt

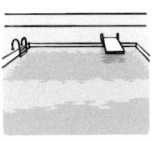

piscine
bazen

mosquée
džamija

ferme

seosko imanje

pollution

zagađenje okoline

cimetière

groblje

église

crkva

aire de jeux

igralište

temple

hram

paysage
krajolik

feuille
list

panneau indicateur
putokaz

chemin
putokaz

pré
livada

pierre
kamen

randonneur
putnik

arbre
drvo

rivière
rijeka

herbe
trava

fleur
cvijet

vallée

dolina

montagne

brdo

lac

jezero

forêt

šuma

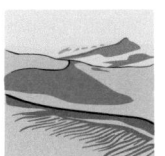

désert

pustinja

volcan

vulkan

château

dvorac

arc-en-ciel

duga

champignon

gljiva

palmier

palma

moustique

komarac

mouche

muha

fourmis

mrav

abeille

pčela

araignée

pauk

coléoptère

buba

grenouille

žaba

écureuil

vjeverica

hérisson

jež

lièvre

zec

chouette

sova

oiseau

ptica

cygne

labud

sanglier

divlja svinja

cerf

jelen

élan

los

barrage

brana

éolienne

vjetrenjača

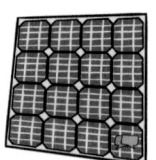

panneau solaire

solarni modul

climat

klima

restaurant
restoran

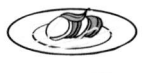

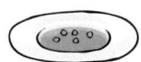

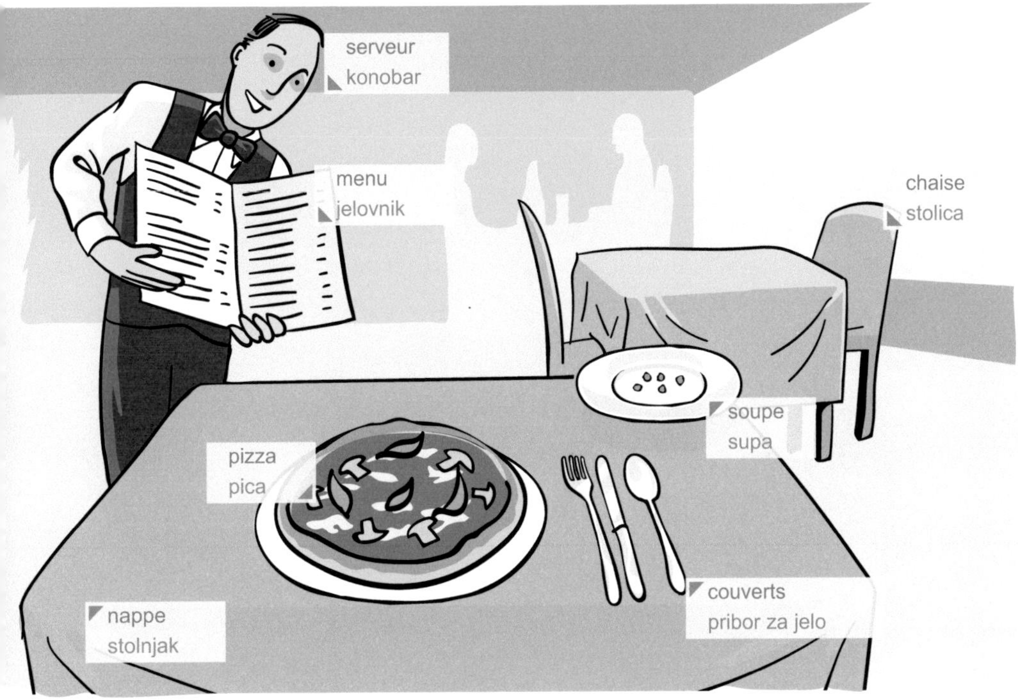
serveur
konobar
menu
jelovnik
chaise
stolica
soupe
supa
pizza
pica
couverts
pribor za jelo
nappe
stolnjak

hors d'œuvre

predjelo

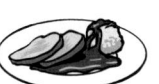

plat principal

glavno jelo

dessert

desert

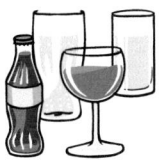

boissons

piće

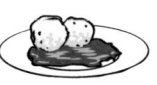

alimentation

jelo

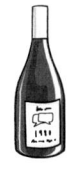

bouteille

flaša

fast-food

brza hrana

plats à emporter

jelo sa ulice

théière

čajnik

sucrier

šećernica

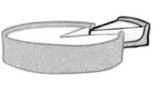

portion

porcija

machine à expresso

mašina za espreso

chaise haute

barska stolica

facture

račun

plateau

tacna

couteau

nož

fourchette

viljuška

cuillère

kašika

cuillère à thé

kašičica

serviette

salveta

verre

čaša

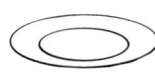

assiette

tanjir

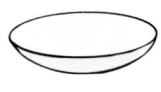

assiette à soupe

tanjir za supu

soucoupe

tanjurić

sauce

sos

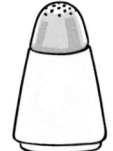

salière

solanik

moulin à poivre

mlin za biber

vinaigre

sirće

huile

ulje

épices

začini

ketchup

kečap

moutarde

senf

mayonnaise

majoneza

supermarché
supermarket

offre promotionnelle
ponuda
FOR
client
klijent
produits laitiers
mliječni proizvodi
fruits
voće
chariot
kolica za kupovinu

BUTCHERS

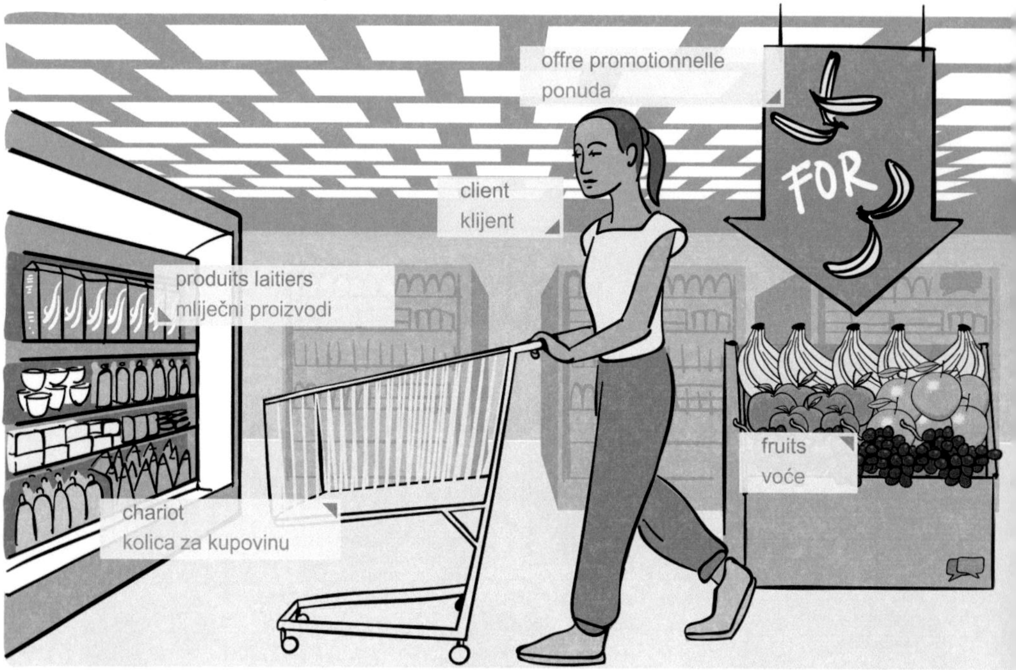

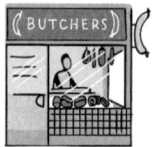

boucherie

mesnica- klaonica

BAKERY

boulangerie

pekara

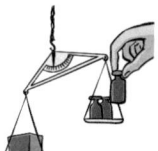

peser

vagati

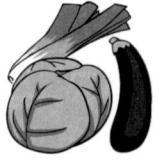

légumes

povrće

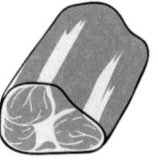

viande

meso

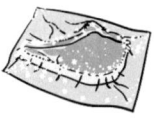

aliments surgelés

zaleđena hrana

charcuterie

narezak

conserves

konzerve

poudre à lessive

prašak za veš

bonbons

slatkiši

articles ménagers

kućanski proizvodi

détergents

sredstvo za čišćenje

vendeuse

prodavačica

caisse

kasa

caissier

blagajnik

liste d'achats

lista za kupovinu

heures d'ouverture

radno vrijeme

portefeuille

novčanik

carte de crédit

kreditna kartica

sac

torba

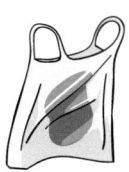

sac en plastique

najlonska vrećica

eau

voda

jus de fruit

sok

lait

mlijeko

coca

kola

vin

vino

bière

pivo

alcool

alkohol

chocolat chaud

kakao

thé

čaj

café

kafa

expresso

espreso

cappuccino

kapućino

banane

banana

pomme

jabuka

orange

narandža

melon

lubenica

citron

limun

carotte

mrkva

ail

bijeli luk

bambou

bambus

oignon

crveni luk

champignon

gljiva

noisettes

orašasti plodovi

pâtes

pasta

spaghetti

špagete

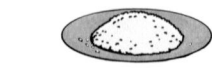

riz

riža

salade

salata

pommes frites

pomfrit

pommes de terre rôties

pečeni krompir

pizza

pica

hamburger

hamburger

sandwich

sendvič

escalope

šnicla

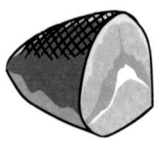

jambon

šunka

salami

kobasica

saucisse

kobasica

poulet

kokoš

rôti

pečenje

poisson

riba

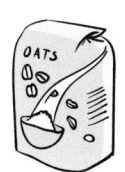

flocons d'avoine

zobene pahuljice

muesli

muzli

cornflakes

kornfleks

farine

brašno

croissant

kroason

petits-pains

zemičke

pain

kruh

pain grillé

tost

biscuits

keksi

beurre

maslac

le fromage blanc

svježi sir

gâteau

kolač

œuf

jaje

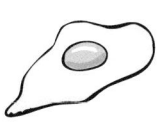

œuf au plat

jaje na oko

fromage

sir

glace

sladoled

sucre

šećer

miel

med

confiture

marmelada

crème nougat

nugat krema

curry

kuri

ferme
seosko imanje

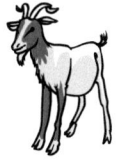

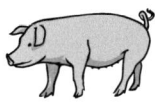

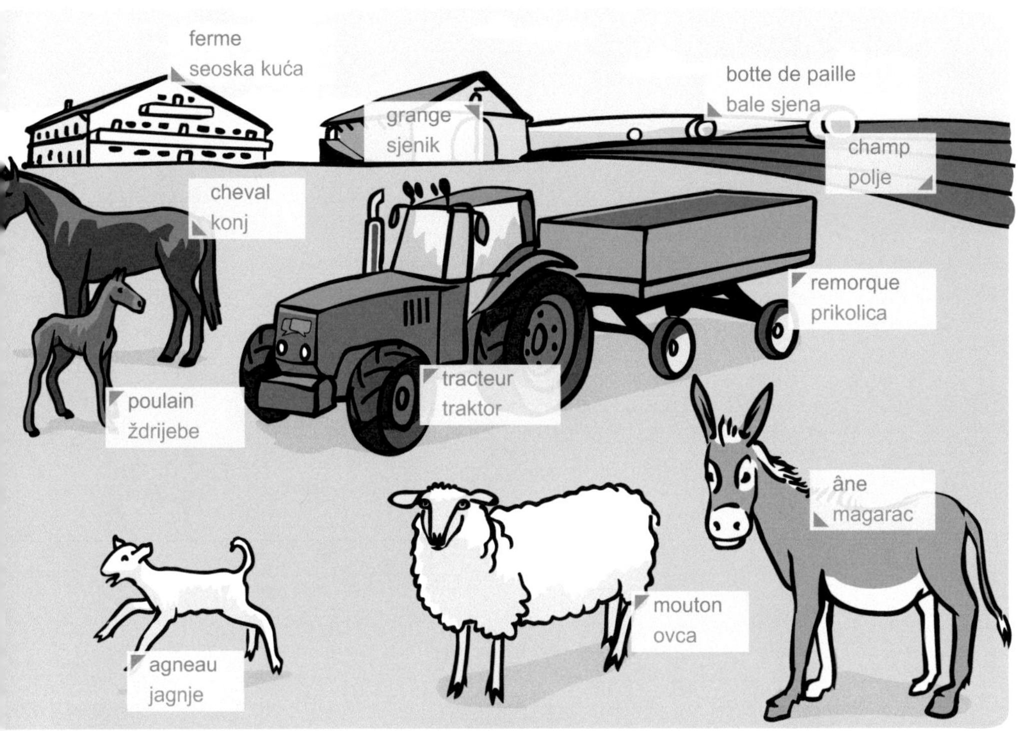
ferme
seoska kuća
grange
sjenik
botte de paille
bale sjena
champ
polje
cheval
konj
remorque
prikolica
tracteur
traktor
poulain
ždrijebe
âne
magarac
mouton
ovca
agneau
jagnje

chèvre

koza

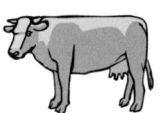

vache

krava

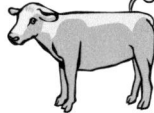

veau

tele

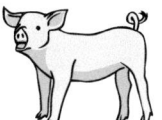

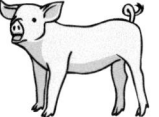

porc

svinja

porcelet

prase

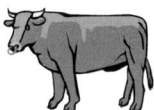

taureau

bik

oie

guska

canard

patka

poussin

pile

poule

kokoška

coq

pjetao

rat

pacov

chat

mačka

souris

miš

bœuf

vol

chien

pas

chenil

pseća kućica

tuyau de jardin

crijevo za baštu

arrosoir

kanta za zalijevanje

faucheuse

kosa

charrue

plug

faucille

srp

pioche

motika

fourche

vile

hache

sjekira

brouette

tačke

cuve

korito

pot à lait

bokal za mlijeko

sac

vreća

clôture

ograda

étable

štala

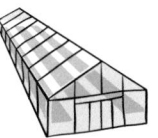

serre

staklenik

sol

tlo

semences

sjeme

engrais

đubrivo

moissonneuse-batteuse

kombajn

récolter

kositi

récolte

žetva

igname

jam korijen

blé

pšenica

soja

soja

pomme de terre

krompir

maïs

kukuruz

colza

uljana repica

arbre fruitier

drvo voća

manioc

manioka

céréales

žito

maison

kuća

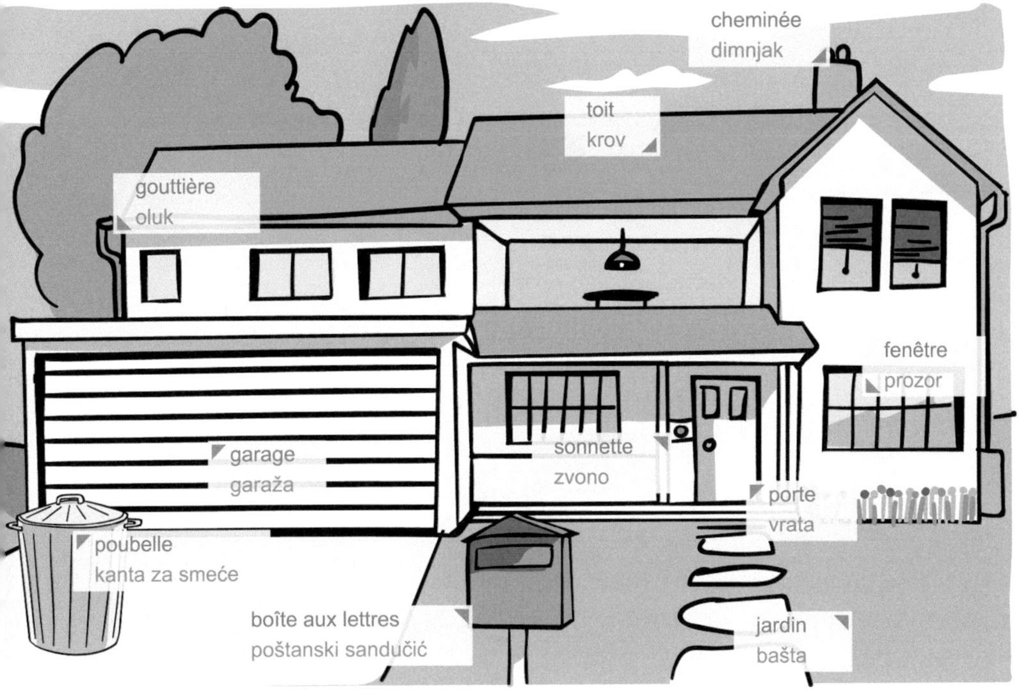
cheminée
dimnjak
toit
krov
gouttière
oluk
fenêtre
prozor
garage
garaža
sonnette
zvono
porte
vrata
poubelle
kanta za smeće
boîte aux lettres
poštanski sandučić
jardin
bašta

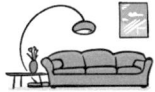

salon

dnevni boravak

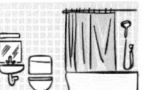

salle de bain

kupatilo

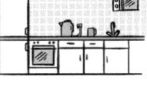

cuisine

kuhinja

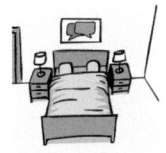

chambre à coucher

spavaća soba

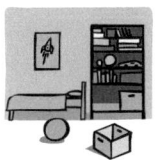

chambre d'enfant

dječija soba

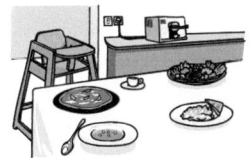

salle à manger

trpezarija

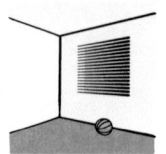

sol

pod, tlo

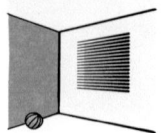

mur

zid

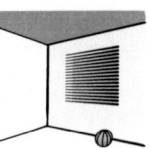

plafond

plafon

cave

podrum

sauna

sauna

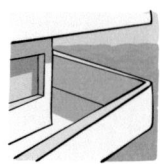

balcon

balkon

terrasse

terasa

piscine

bazen

tondeuse à gazon

kosilica

housse

posteljina

couette

pokrivač

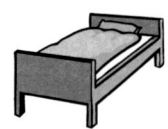

lit

krevet

balai

metla

sceau

kanta

interrupteur

prekidač

salon
dnevni boravak

papier peint
tapeta
image
fotografija
lampe
lampa
étagère
polica
armoire
ormar
télé
televizija
cheminée
dimnjak
fleur
cvijet
coussin
jastuk
sofa
kauč
vase
vaza
télécommande
daljinski upravljač

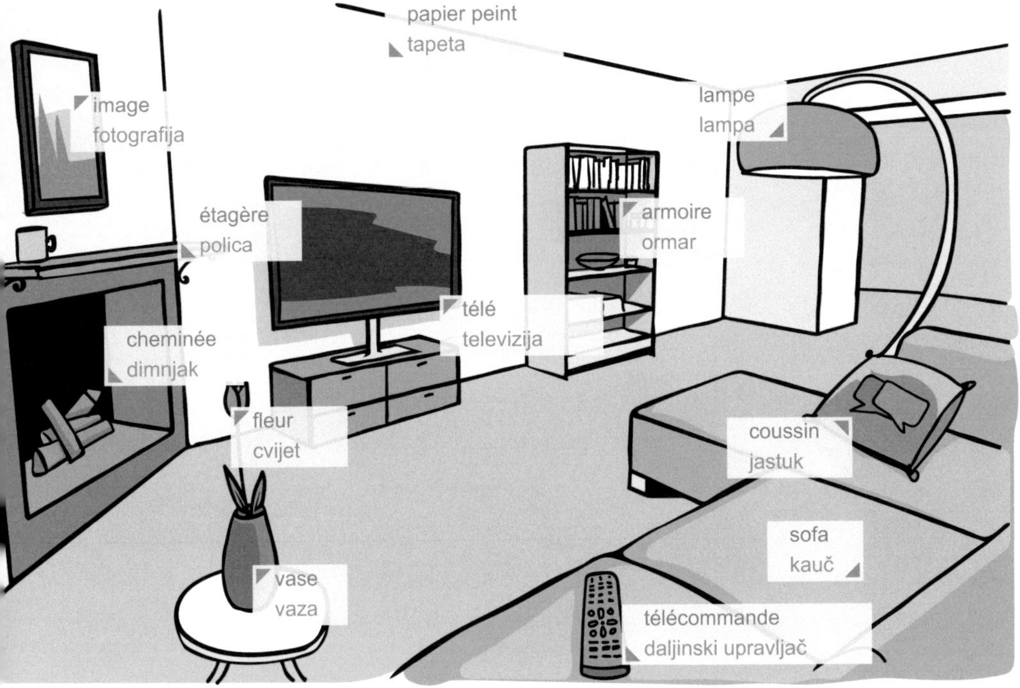

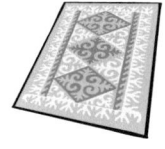

tapis

tepih

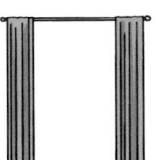

rideau

zavjesa

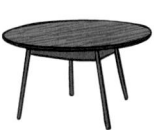

table

stol

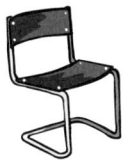

chaise

stolica

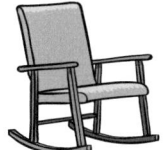

chaise à bascule

stolica za ljuljanje

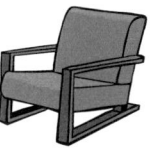

fauteuil

fotelja

livre

knjiga

couverture

deka

décoration

dekoracija

bois de chauffage

ložno drvo

film

film

chaîne hi-fi

stereo uređaj

clé

ključ

journal

novine

peinture

umjetnička slika

poster

poster

radio

radio

bloc-notes

blok za bilješke

aspirateur

usisavač

cactus

kaktus

bougie

svijeća

cuisine
kuhinja

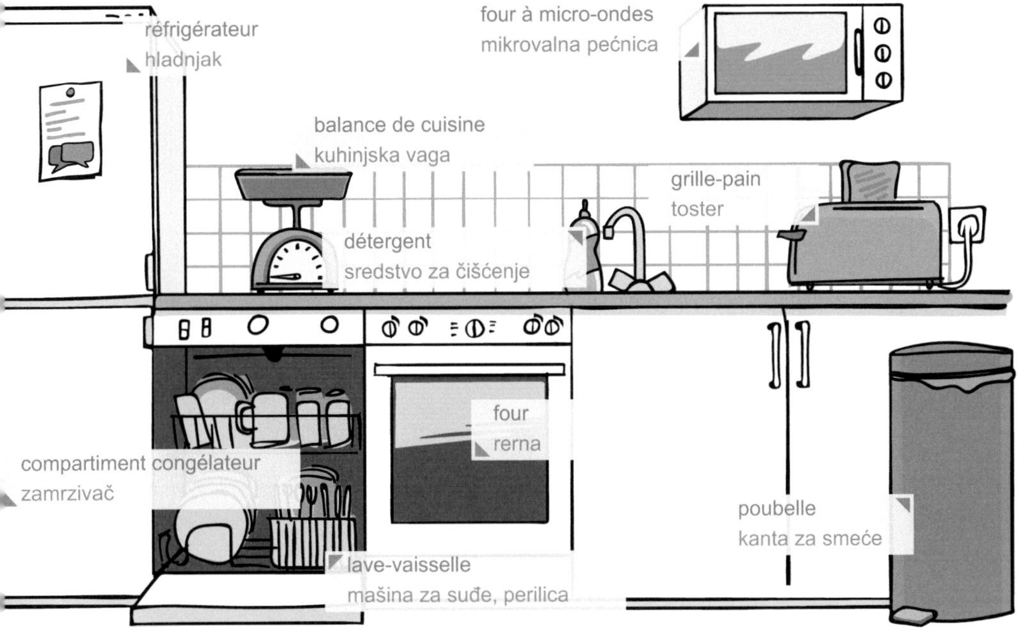

réfrigérateur
hladnjak
four à micro-ondes
mikrovalna pećnica
balance de cuisine
kuhinjska vaga
grille-pain
toster
détergent
sredstvo za čišćenje
four
rerna
compartiment congélateur
zamrzivač
poubelle
kanta za smeće
lave-vaisselle
mašina za suđe, perilica

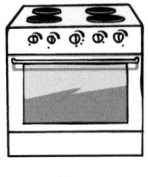

four

peć

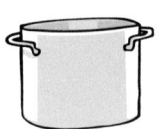

casserole

lonac

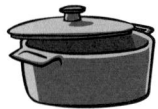

marmite

metalni lonac

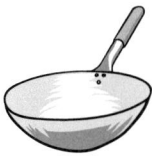

wok / kadai

vok / kadai

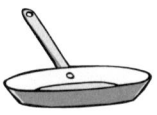

poêle

tava, tiganj

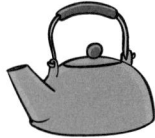

bouilloire electrique

kuhalo

cuiseur vapeur

aparat za kuhanje na pari

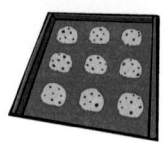

plaque de cuisson

lim za pečenje

vaisselle

posuđe

gobelet

šalica

coupe

činija

baguettes

kineski štapići

louche

kutlača

spatule

lopatica

fouet

metlica za snijeg bjelanjca

passoire

sito za kuhanje

tamis

sito

râpe

ribež

mortier

avan s tučkom

barbecue

roštilj

cheminée

ložište

cuisine - kuhinja

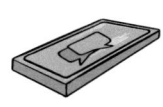

planche à découper

daska

rouleau à pâtisserie

oklagija

tire-bouchon

vadičep

boîte

konzerva

ouvre-boîte

otvarač za konzerve

maniques

krpe za lonac

lavabo

sudoper

brosse

četka

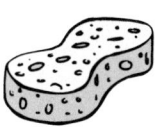

éponge

spužva

mixeur

mikser

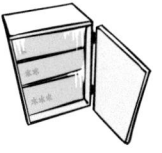

congélateur

zamrzivač

biberon

flašica za bebu

robinet

slavina

salle de bain
kupatilo

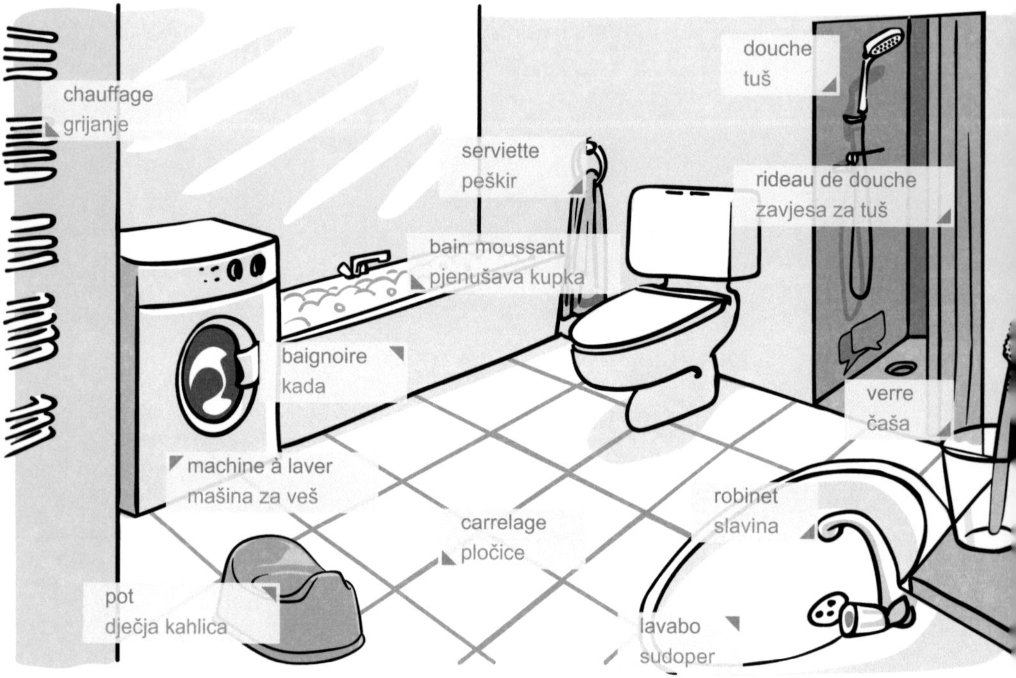

chauffage
grijanje
douche
tuš
serviette
peškir
rideau de douche
zavjesa za tuš
bain moussant
pjenušava kupka
baignoire
kada
verre
čaša
machine à laver
mašina za veš
robinet
slavina
carrelage
pločice
pot
dječja kahlica
lavabo
sudoper

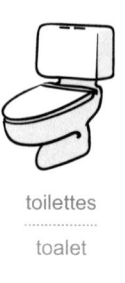

toilettes
toalet

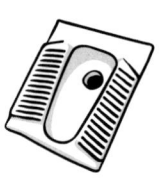

toilette à la turque
čučavac

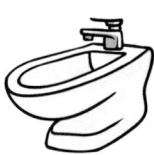

bidet
bide

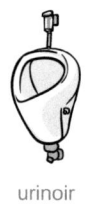

urinoir
pisoar

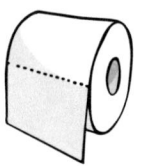

papier toilette
toalet papir

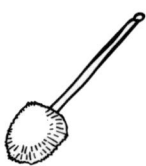

brosse à toilette
četka za wc

brosse à dents

četkica za zube

dentifrice

pasta za zube

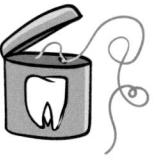

fil dentaire

zubni konac

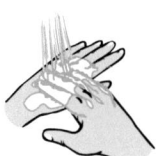

laver

prati

douche manuelle

tuš

douche intime

intimni tuš

vasque

lavor

brosse dorsale

četka za leđa

savon

sapun

gel douche

gel za tuširanje

shampooing

šampon

gant de toilette

krpe za pranje

écoulement

odvod

crème

krema

déodorant

dezodorans

miroir

ogledalo

miroir cosmétique

ogledalo za šminkanje

rasoir

brijač

mousse à raser

pjena za brijanje

après-rasage

vodica poslije brijanja

peigne

češalj

brosse

četka

sèche-cheveux

fen

laque pour cheveux

sprej za kosu

fond de teint

puder

rouge à lèvres

karmin

vernis à ongles

lak za nokte

ouate

vata

coupe-ongles

makazice za nokte

parfum

parfem

trousse de toilette

kozmetička torbica

tabouret

hoklica

pèse-personne

vaga

peignoir

kupaći ogrtač

gants de nettoyage

rukavice za čišćenje

tampon

tampon

serviettes hygiéniques

uložak za dame

toilette chimique

hemijski toalet

chambre d'enfant
dječija soba

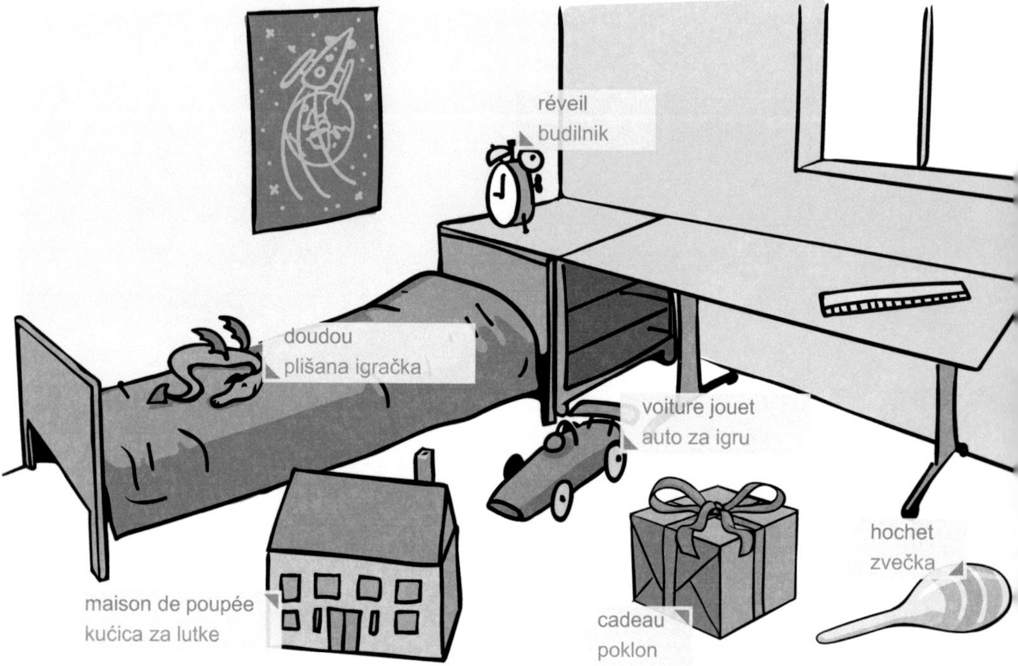

réveil
budilnik
doudou
plišana igračka
voiture jouet
auto za igru
hochet
zvečka
maison de poupée
kućica za lutke
cadeau
poklon

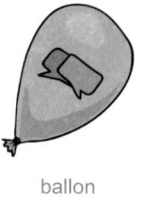

ballon

balon

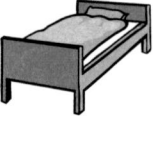

lit

krevet

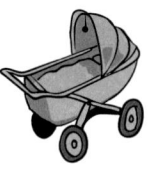

poussette

kolica za djecu

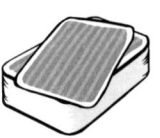

jeu de cartes

karte za igranje

puzzle

puzle

SUPER
MEGA

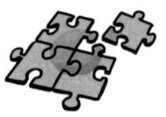

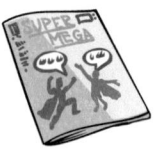

bande dessinée

strip

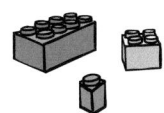

pièces lego

lego kockice

blocs de construction

kockice za gradnju

figurine

akcione figure

grenouillère

benkica

frisbee

frizbi

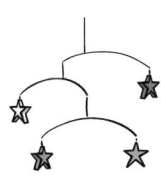

mobile

mobile

jeu de société

igra na ploči

dé

kocka

train miniature

miniatura željeznice

sucette

cucla

fête

zabava

livre d'images

slikovnica

balle

lopta

poupée

lutka

jouer

igrati

bac à sable

pješćanik

balançoire

ljuljačka

jouets

igračke

console de jeu

konzola za igru

tricycle

triciklo

ours en peluche

medvjedić

armoire

ormar

vêtements
odjeća

chaussettes

kratke čarape

bas

čarape

collant

hulahopke

écharpe
šal

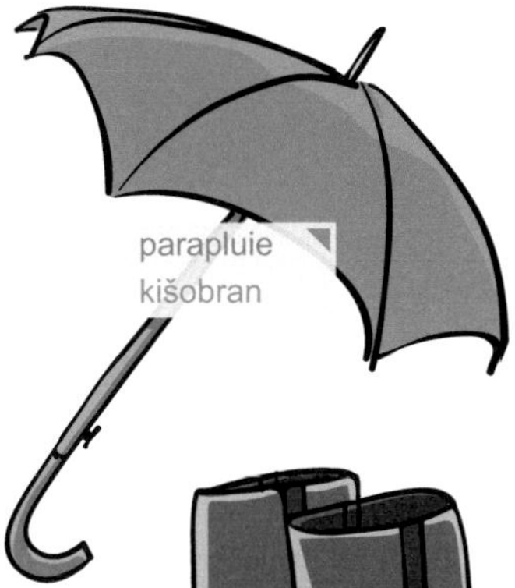

ceinture
kaiš

parapluie
kišobran

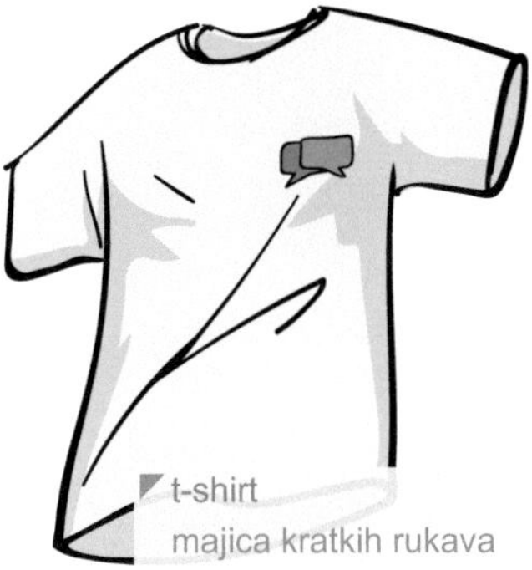

t-shirt
majica kratkih rukava

bottes
čizme

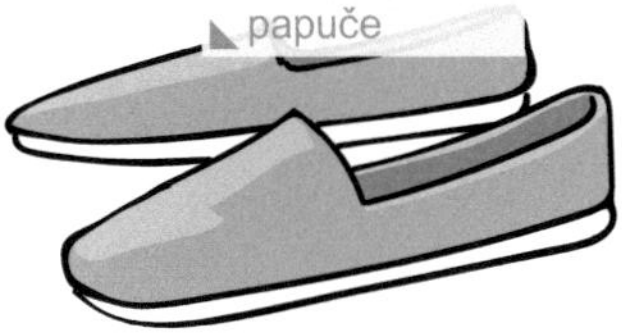

pantoufles
papuče

baskets
patike

sandales
·················
sandale

chaussures
·················
cipele

bottes de caoutchouc
·················
gumene čizme

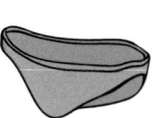

sous-vêtements
·················
gaće

soutien-gorge
·················
grudnjak

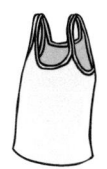

maillot de corps
·················
potkošulja

body
bodi

pantalon
hlače

jean
farmerke

jupe
suknja

chemisier
bluza

chemise
košulja

pull
džemper

sweat à capuche
majica

veste
sako

veste
jakna

manteau
mantil

imperméable
kišni mantil

costume
kostim

robe
haljina

robe de mariée
vjenčanica

costume

odijelo

chemise de nuit

spavaćica

pyjama

pidžama

sari

sari

foulard

marama

turban

turban

burqa

burka

caftan

kaftan

abaya

abaja

maillot de bain

kupaći kostim

maillot de bain

kupaće gaće

short

kratke hlače

tenue d'entraînement

trenerka

tablier

pregača

gants

rukavice

bouton

dugme

lunettes

naočare

bracelet

narukvica

collier

ogrlica

bague

prsten

boucle d'oreille

naušnica

bonnet

kapa

cintre

vješalica

chapeau

šešir

cravate

kravata

fermeture éclair

patentni zatvarač

casque

kaciga

bretelles

tregeri za hlače

uniforme scolaire

školska uniforma

uniforme

uniforma

bavoir
podbradak

sucette
cucla

lange
pelene

bureau
ured

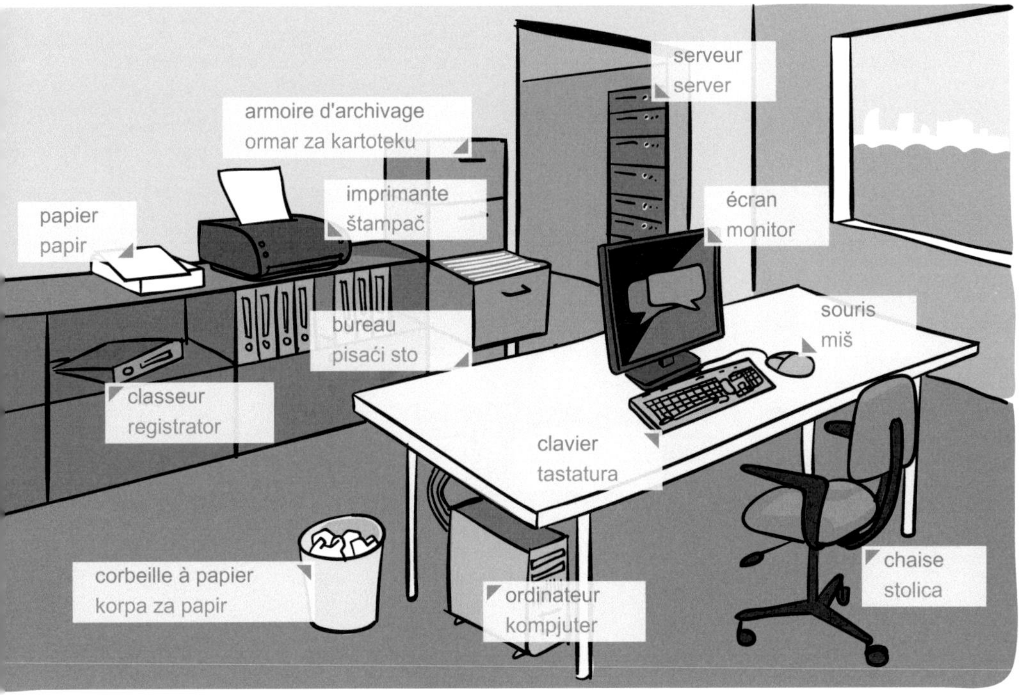

papier
papir

armoire d'archivage
ormar za kartoteku

imprimante
štampač

serveur
server

écran
monitor

souris
miš

bureau
pisaći sto

classeur
registrator

clavier
tastatura

corbeille à papier
korpa za papir

ordinateur
kompjuter

chaise
stolica

tasse de café
šolja za kafu

calculatrice
kalkulator

internet
internet

ordinateur portable

laptop

lettre

pismo

message

poruka

portable

mobilni telefon

réseau

mreža

photocopieuse

aparat za kopiranje

logiciel

softver

téléphone

telefon

prise

utičnica

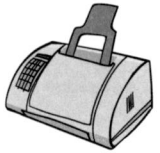

fax

faks

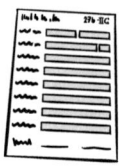

formulaire

formular

document

dokument

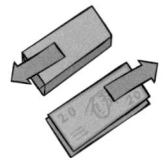

acheter
kupovati

payer
platiti

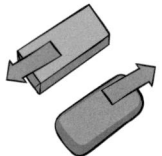

faire du commerce
trgovati

monnaie
novac

dollar
dolar

euro
euro

yen
jen

rouble
rublja

franc suisse
franak

renminbi yuan
renminbi jen

roupie
rupi

distributeur automatique
bankomat

bureau de change

mjenjačnica

or

zlato

argent

srebro

pétrole

nafta

énergie

energija

prix

cijena

contrat

ugovor

taxe

porez

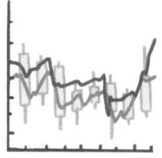

action

akcija

travailler

raditi

employé

službenik

employeur

poslodavac

usine

fabrika

magasin

radnja

professions
zanimanja

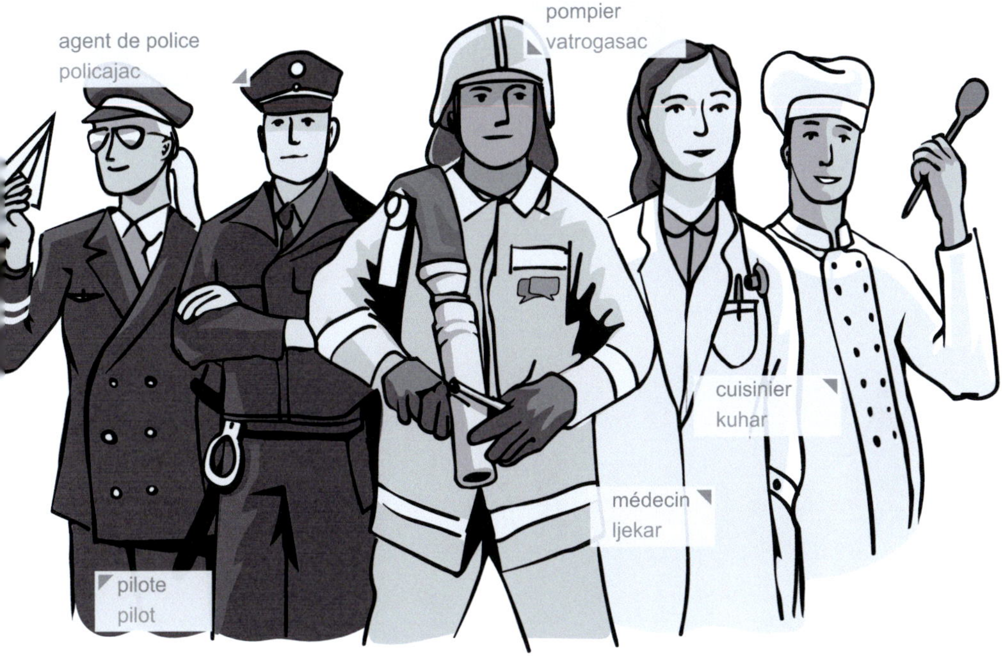
agent de police
policajac
pompier
vatrogasac
cuisinier
kuhar
médecin
ljekar
pilote
pilot

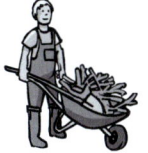

jardinier
baštovan

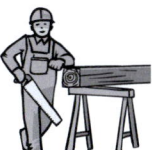

menuisier
stolar

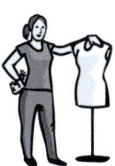

couturière
krojačica

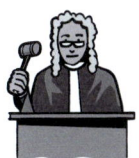

juge
sudija

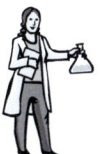

chimiste
hemičar

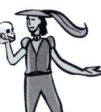

acteur
glumac

conducteur de bus

vozač autobusa

chauffeur de taxi

vozač taksija

pêcheur

ribar

femme de ménage

čistačica

couvreur

krovopokrivač

serveur

konobar

chasseur

lovac

peintre

moler

boulanger

pekar

électricien

električar

ouvrier

građevinski radnik

ingénieur

inženjer

boucher

koljač

plombier

limar, vodoinstalater

facteur

poštar

soldat

vojnik

architecte

arhitekta

caissier

blagajnik

fleuriste

cvjećar

coiffeur

frizer

contrôleur

kontrolor

mécanicien

mehaničar

capitaine

kapiten

dentiste

zubar

scientifique

naučnik

rabbin

rabin

imam

imam

moine

monah

prêtre

sveštenik

outils
alat

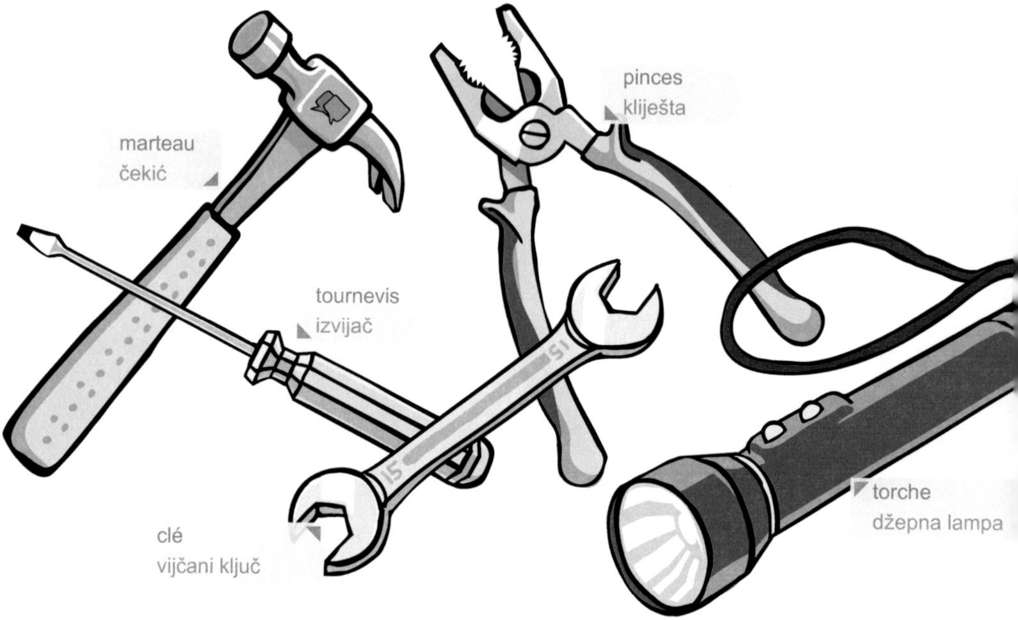
marteau
čekić
pinces
kliješta
tournevis
izvijač
clé
vijčani ključ
torche
džepna lampa

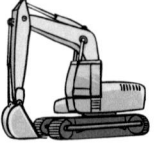

pelleteuse

bager

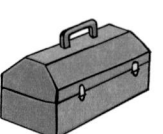

boîte à outils

kutija sa alatom

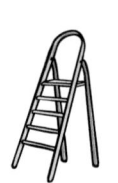

échelle

ljestve

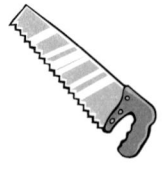

scie

testera, pila

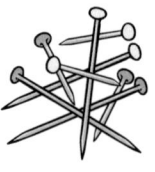

clous

ekser

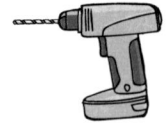

perceuse

bušilica

réparer

popraviti

pelle

lopata

Mince !

sranje!

pelle

lopatica

pot de peinture

kanta boje

vis

vijak

instruments de musique
muzički instrumenti

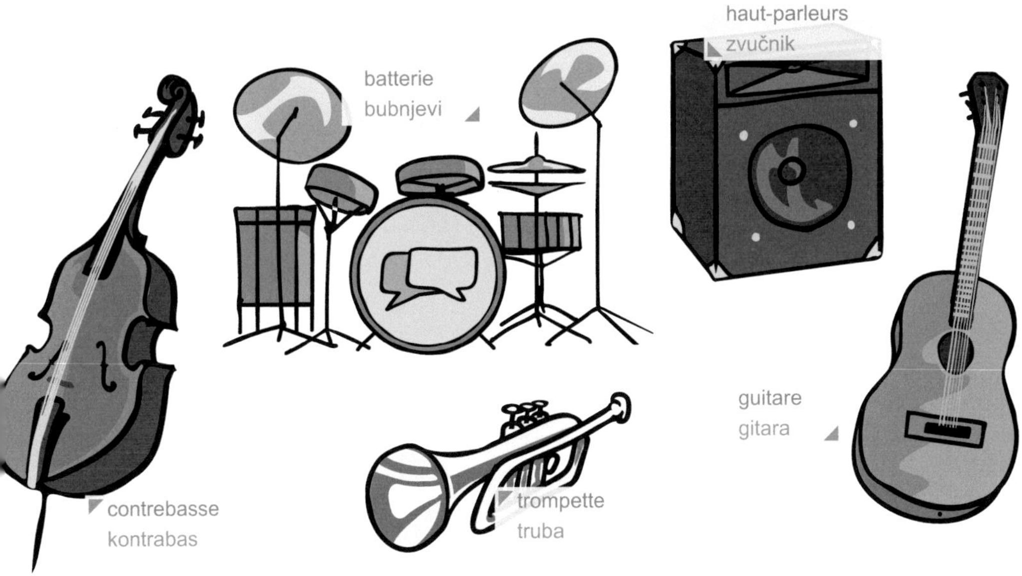

haut-parleurs
zvučnik

batterie
bubnjevi ◢

guitare
gitara ◢

▼contrebasse
kontrabas

trompette
truba

piano

klavir

violon

violina

basse

bas

timbales

bubanj timpani

tambour

bubanj

piano électrique

sintisajzer

saxophone

saksofon

flûte

flauta

microphone

mikrofon

instruments de musique - muzički instrumenti

zoo

zološki vrt

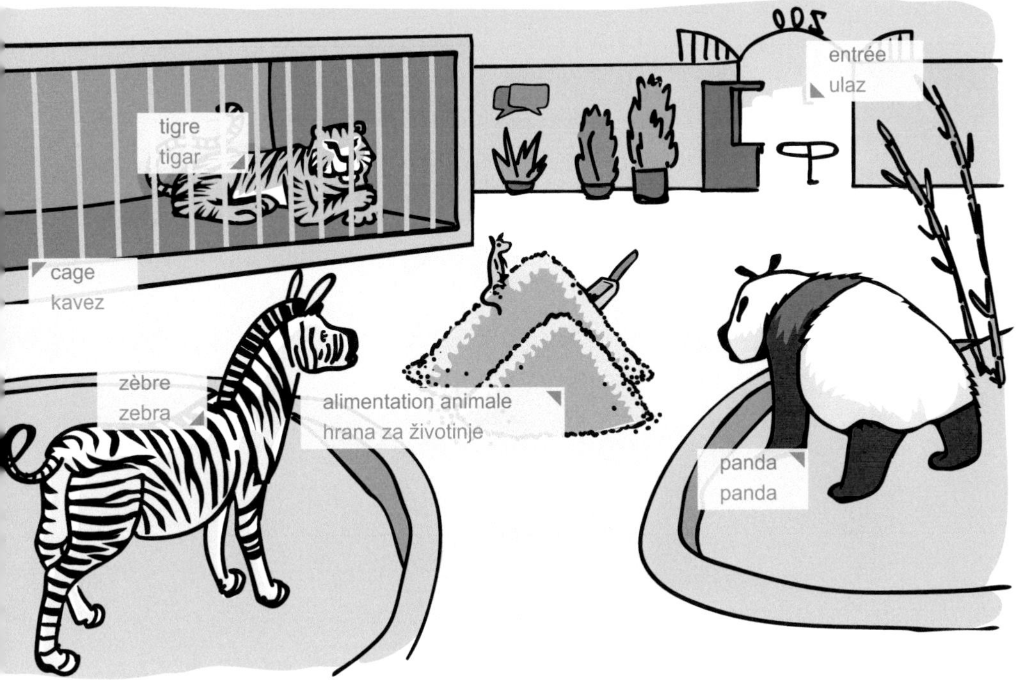
entrée
ulaz
tigre
tigar
cage
kavez
zèbre
zebra
alimentation animale
hrana za životinje
panda
panda

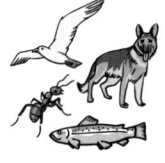

animaux
životinje

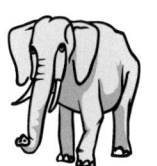

éléphant
slon

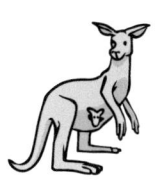

kangourou
kengur

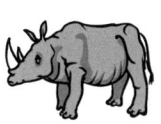

rhinocéros
nosorog

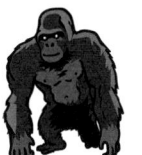

gorille
gorila

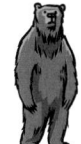

ours
medvjed

chameau

kamila

autruche

noj

lion

lav

singe

majmun

flamand rose

flamingo

perroquet

papagaj

ours polaire

polarni medvjed

pingouin

pingvin

requin

morski pas

paon

paun

serpent

zmija

crocodile

krokodil

gardien de zoo

čuvar u zološkom vrtu

phoque

tuljan

jaguar

jaguar

poney

poni

léopard

leopard

hippopotame

nilski konj

girafe

žirafa

aigle

orao

sanglier

divlja svinja

poisson

riba

tortue

kornjača

morse

morž

renard

lisica

gazelle

gazela

american Football
američki fudbal

cyclisme
vožnja bicikla

tennis
tenis

basket-ball
košarka

natation
plivanje

boxe
boks

hockey sur glace
hokej na ledu

football
fudbal

badminton
bedminton

athlétisme
laka atletika

handball
rukomet

ski
skijanje

polo
polo

sauter
skakati

embrasser
zagrliti

rire
smijati se

marcher
ići

chanter
pjevati

prier
moliti

faire la bise
ljubiti

rêver
sanjati

écrire
pisati

dessiner
crtati

montrer
pokazati

pousser
gurati

donner
dati

prendre
uzeti

avoir

imati

faire

raditi

être

biti

être debout

stajati

courir

trčati

trier

vući

jeter

baciti

tomber

pasti

être couché

ležati

attendre

čekati

porter

nositi

être assis

sjediti

s'habiller

obući

dormir

spavati

se réveiller

probuditi

regarder

pogledati

pleurer

plakati

caresser

milovati

peigner

češljati

parler

govoriti

comprendre

razumjeti

demander

pitati

écouter

slušati

boire

piti

manger

jesti

ranger

pospremiti

aimer

voljeti

cuire

kuhati

conduire

voziti

voler

letjeti

activités - aktivnosti

faire de la voile

jedriti

calculer

računati

lire

čitati

apprendre

učiti

travailler

raditi

se marier

vjenčavti

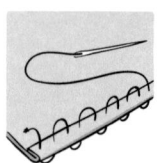

coudre

šiti

brosser les dents

prati zube

tuer

ubiti

fumer

pušiti

envoyer

slati

activités - aktivnosti

famille

porodica

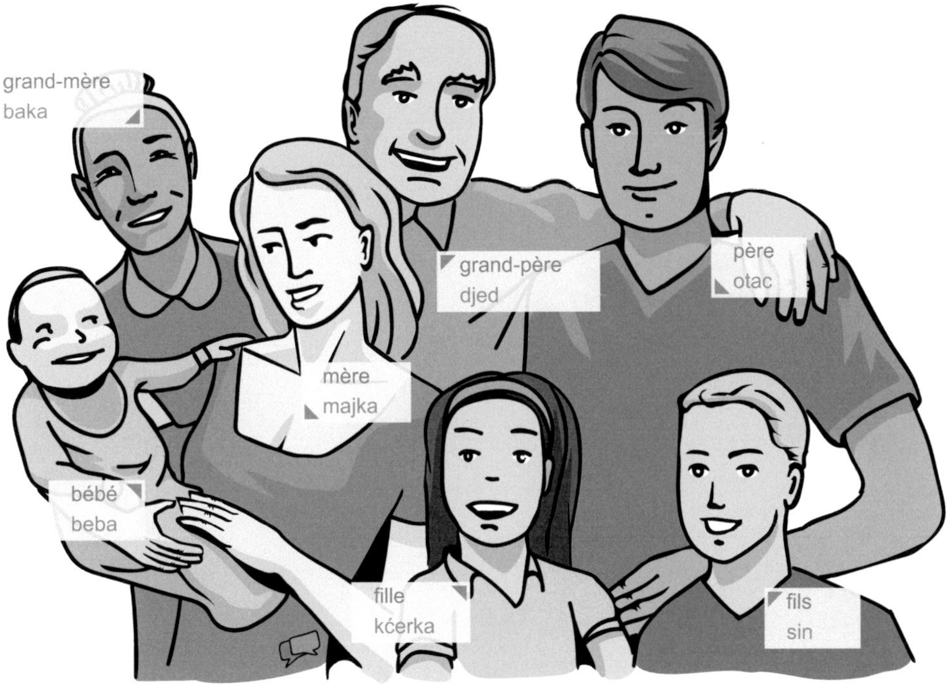

grand-mère
baka
grand-père
djed
père
otac
mère
majka
bébé
beba
fille
kćerka
fils
sin

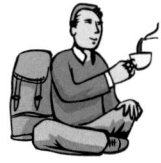

hôte

gost

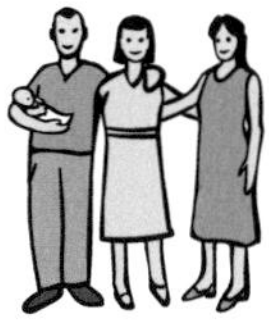

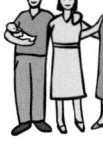

tante

ujna, tetka, strina

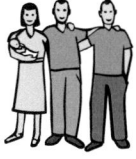

oncle

ujak, tetak, stric

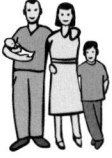

frère

brat

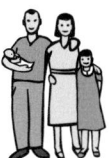

sœur

sestra

corps

tijelo

front
čelo
œil
oko
épaule
leđa
doigt
prst
visage
lice
menton
brada
main
ruka, šaka
jambe
noga
poitrine
grudi
bras
ruka

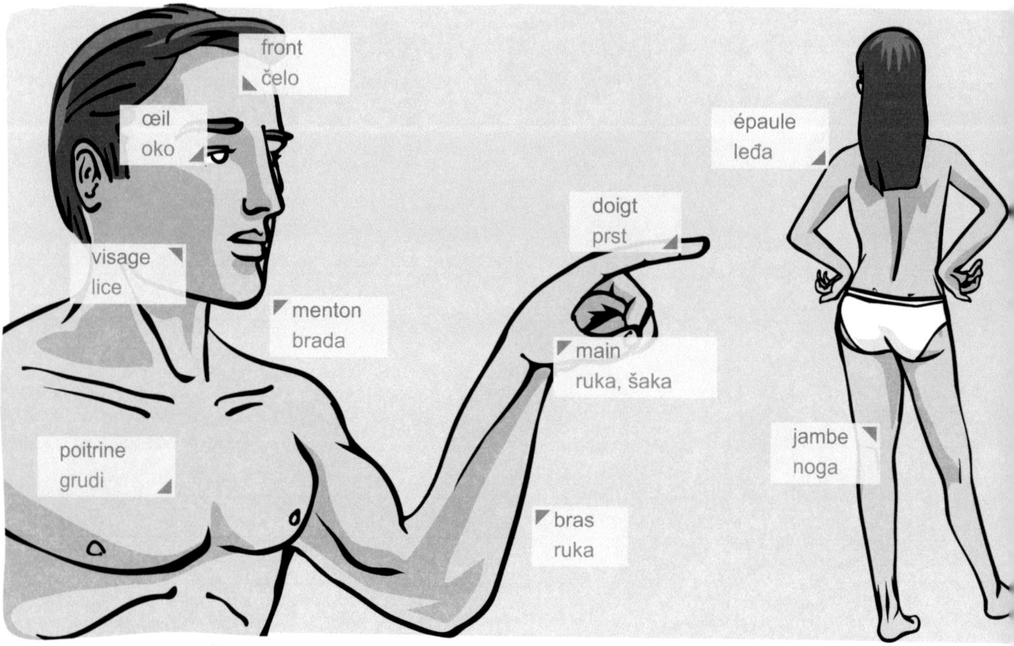

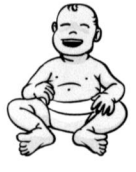

bébé

beba

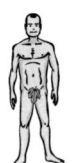

homme

muškarac

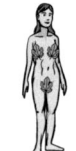

femme

žena

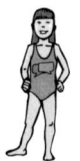

fille

djevojčica

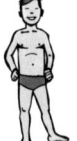

garçon

dječak

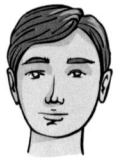

tête

glava

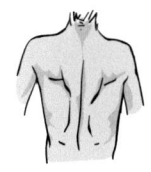

dos
leđa

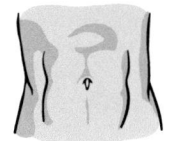

ventre
stomak

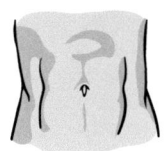

nombril
pupak

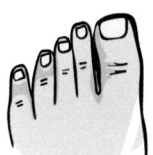

orteil
nožni prst

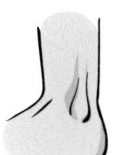

talon
peta

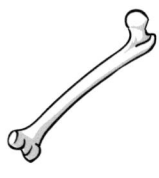

os
kosti

hanche
kuk

genou
koljeno

coude
lakat

nez
nos

fesses
stražnjica

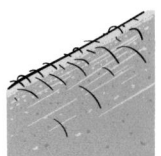

peau
koža

joue
obraz

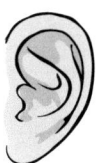

oreille
uho

lèvre
usna

bouche

usta

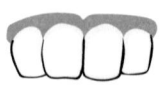

dent

zub

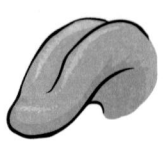

langue

jezik

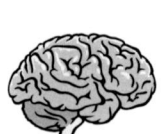

cerveau

mozak

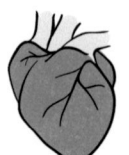

cœur

srce

muscle

mišić

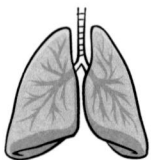

poumons

pluća

foie

jetra

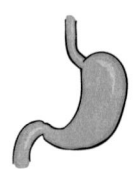

estomac

želudac

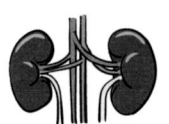

reins

bubreg

rapport sexuel

spolni odnos

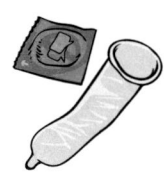

préservatif

kondom

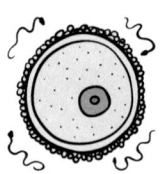

ovule

jajna ćelija

sperme

sperma

grossesse

trudnoća

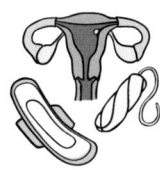

menstruation

menstruacija

vagin

vagina

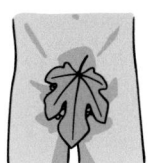

pénis

penis

sourcil

obrva

cheveux

kosa

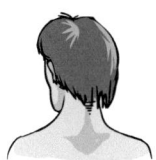

cou

vrat

hôpital
bolnica

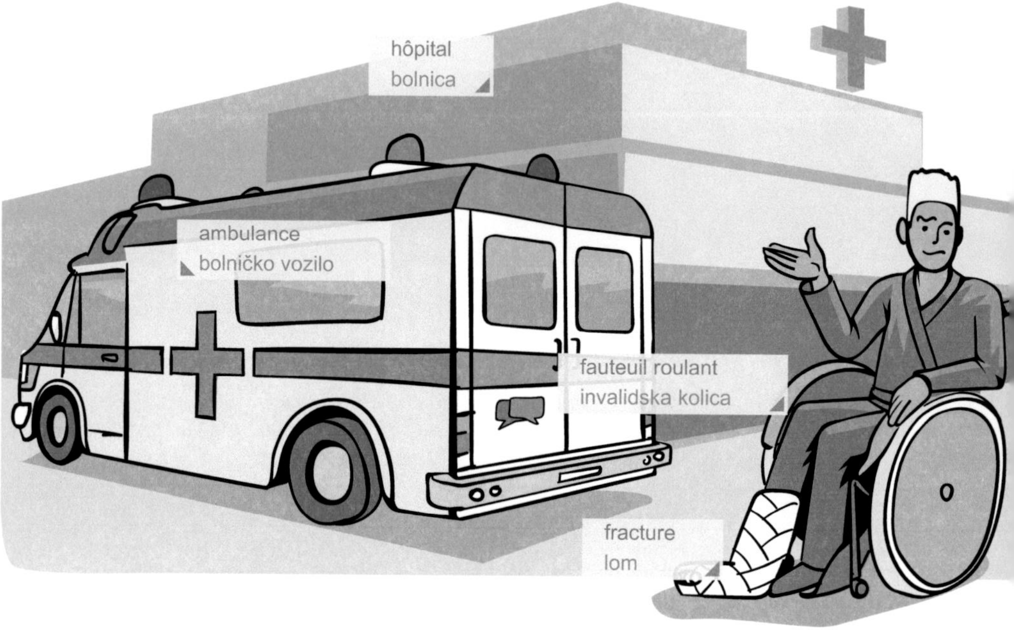

hôpital
bolnica
ambulance
bolničko vozilo
fauteuil roulant
invalidska kolica
fracture
lom

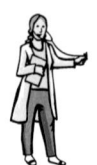

médecin
ljekar

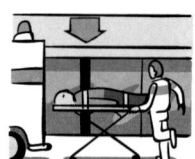

service des urgences
hitna služba

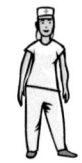

infirmière
medicinska sestra

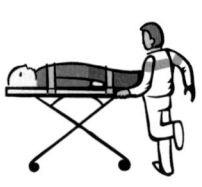

urgence
hitna pomoć

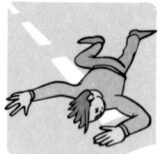

inconscient
nesvjest

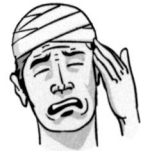

douleur
bol

blessure

povreda

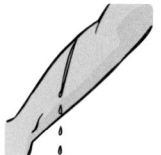

hémorragie

krvarenje

crise cardiaque

srčani udar, infarkt

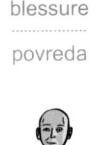

attaque cérébrale

moždani udar

allergie

alergija

toux

kašalj

fièvre

groznica

grippe

gripa

diarrhée

proljev

mal de tête

glavobolja

cancer

rak

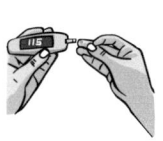

diabète

dijabetes

chirurgien

hirurg

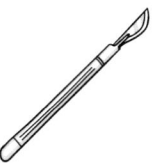

scalpel

skalpel

opération

operacija

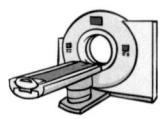

CT
CT

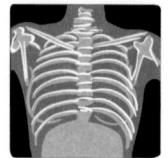

radiographie
rendgen

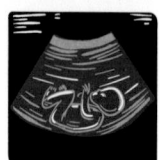

échographie
ultrazvuk

masque
maska

maladie
bolest

salle d'attente
čekaonica

béquille
štake

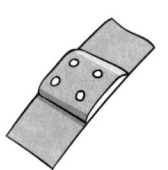

pansement
flaster

pansement
zavoj

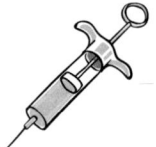

injection
injekcija

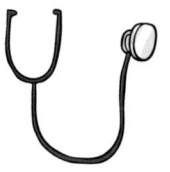

stéthoscope
stetoskop

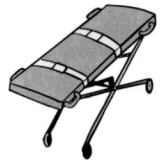

brancard
nosilo

thermomètre
termometar

accouchement
porod

surcharge pondérale
prekomjerna težina, debljina

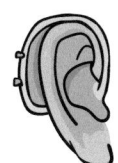

appareil auditif

slušni aparat

désinfectant

sredstvo za dezinfekciju

infection

infekcija

virus

virus

VIH / sida

HIV/ AIDS

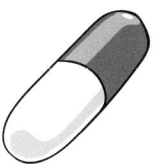

médicament

medicina

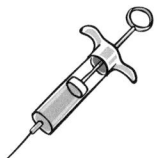

vaccination

vakcinacija

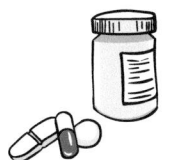

comprimés

tablete

pilule

pilula

appel d'urgence

hitni poziv

tensiomètre

aparat za mjerenje pritiska

malade / sain

bolestan / zdrav

Au secours !

Upomoć!

alarme

alarm

assaut

napad, prepad

attaque

napad

danger

opasnost

sortie de secours

izlaz u slučaju opasnosti

Au feu!

Požar!

extincteur

vatrogasni aparat

accident

nezgoda

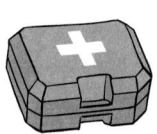

trousse de premier secours

torba prve pomoći

SOS

SOS

police

policija

Europe

Europa

Amérique du Nord

Sjeverna Amerika

Amérique du Sud

Južna Amerika

Afrique

Afrika

Asie

Azija

Australie

Australija

Océan atlantique

Atlantik

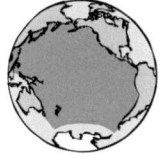

Océan pacifique

Pacifik

Océan indien

Indijski okean

Océan antarctique

Antarktički okean

Océan arctique

Arktički okean

pôle nord

Sjeverni pol

pôle sud

Južni pol

Antarctique

Antarktik

terre

Zemlja

pays

zemlja

mer

more

île

ostrvo

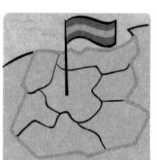

nation

nacija

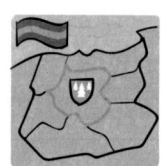

état

država

cadran

brojčanik sata

aiguille des heures

kazaljka sata

aiguille des minutes

kazaljka minute

aiguille des secondes

kazaljka sekunde

Quelle heure est-il ?

Koliko je sati?

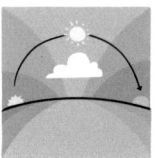

jour

dan

temps

vrijeme

maintenant

sada

montre digitale

digitalni sat

minute

minuta

heure

sat

semaine
sedmica, nedjelja

lundi
ponedjeljak

mercredi
srijeda

vendredi
petak

samedi
subota

mardi
utorak

jeudi
četvrtak

dimanche
nedjelja

hier
juče

aujourd'hui
danas

demain
sutra

matin
jutro

midi
podne

soir
veče

jours ouvrables
radni dani

week-end
vikend

arc-en-ciel
duga

pluie
kiša

vent
vjetar

neige
snijeg

printemps
proljeće

automne
jesen

été
ljeto

hiver
zima

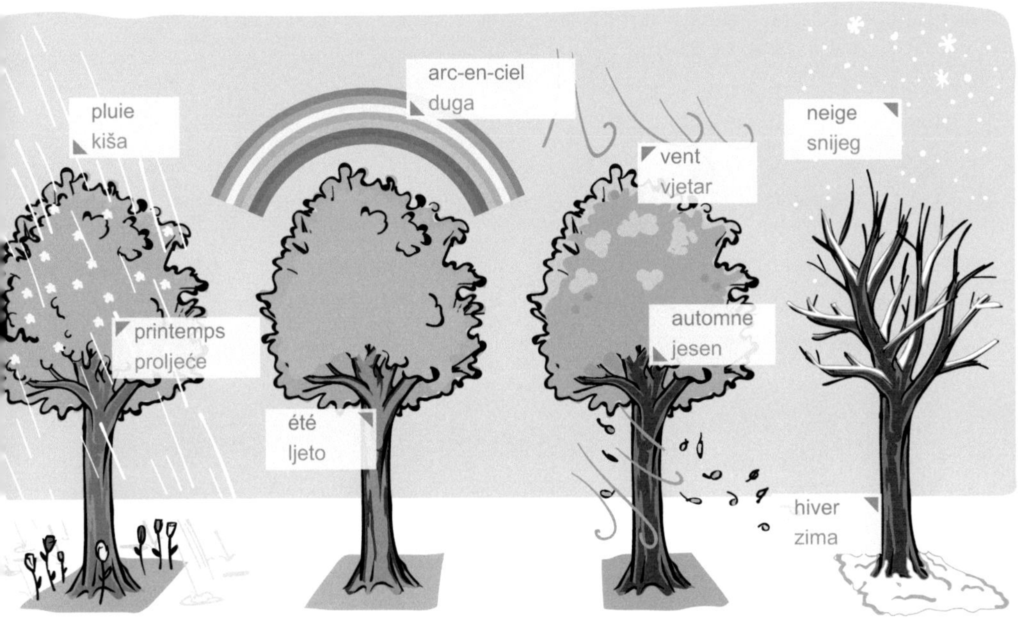

météo

prognoza vremena

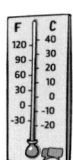

thermomètre

termometar

lumière du soleil

sunčev sjaj

nuage

oblak

brouillard

magla

humidité

vlažnost vazduha

foudre
munja

tonnerre
grom

tempête
oluja

grêle
tuča, led

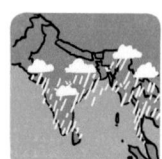

mousson
monsun

inondation
poplava

glace
led

janvier
januar

février
februar

mars
mart

avril
april

mai
maj

juin
juni

juillet
juli

août
avgust

année - godina

septembre
....
septembar

octobre
....
oktobar

novembre
....
novembar

décembre
....
decembar

formes
oblici

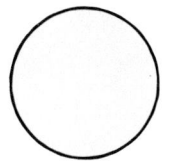

cercle
....
krug

carré
....
kvadrat

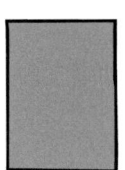

rectangle
....
pravougao

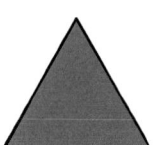

triangle
....
trougao

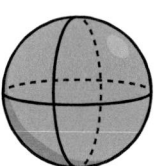

sphère
....
kugla

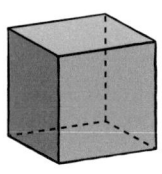

cube
....
kocka

blanc

bjel

jaune

žut

orange

narandžast

rose

pink

rouge

crven

violet

ljubičast

bleu

plav

vert

zelen

marron

smeđ

gris

siv

noir

crn

beaucoup / peu

malo / mnogo

fâché / calme

ljutit / miran

joli / laid

lijep / ružan

début / fin

početak / kraj

grand / petit

veliki / mali

clair / obscure

svijetlo / tamno

frère / soeur

brat / sestra

propre / sale

čist / prljav

complet / incomplet

potpun / nepotpun

jour / nuit

dan / noć

mort / vivant

mrtav / živ

large / étroit

široko / usko

comestible / incomestible

ukusno / neukusno

méchant / gentil

zao / prijatan

excité / ennuyé

uzbuđen / dosadan

gros / mince

debeo / mršav

premier / dernier

najprije / najkasnije

ami / ennemi

prijatelj / neprijatelj

plein / vide

pun / prazan

dur / souple

trvd / mekan

lourd / léger

težak / lagan

faim / soif

glad / žeđ

malade / sain

bolestan / zdrav

illégal / légal

ilegalan / legalan

intelligent / stupide

inteligentan / glup

gauche / droite

lijevo / desno

proche / loin

blizu / daleko

nouveau / usé

nov / polovan

rien / quelque chose

ništa / nešto

vieux / jeune

star / mlad

marche / arrêt

uključeno / isključeno

ouvert / fermé

otvoreno / zatvoreno

faible / fort

tiho / glasno

riche / pauvre

bogat / siromašan

correct / incorrect

tačno / pogrešno

rugueux / lisse

hrapav / glatak

triste / heureux

tužan / srećan

court / long

kratak / dug

lent / rapide

spor / brz

mouillé / sec

mokro / suho

chaud / froid

toplo / hladno

guerre / paix

rat / mir

oppositions - suprotnosti

0

zéro

nula

1

un / une

jedan

2

deux

dva

3

trois

tri

4

quatre

četiri

5

cinq

pet

6

six

šest

7

sept

sedam

8

huit

osam

9

neuf

devet

10

dix

deset

11

onze

jedanaest

12
douze

dvanaest

13
treize

trinaest

14
quatorze

četrnaest

15
quinze

petnaest

16
seize

šesnaest

17
dix-sept

sedamnaest

18
dix-huit

osamnaest

19
dix-neuf

devetnaest

20
vingt

dvadeset

100
cent

sto

1.000
mille

hiljada

1.000.000
million

milion

anglais

engleski

anglais américain

američki engleski

chinois mandarin

kinesko mandarinski

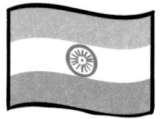

hindi

hindi

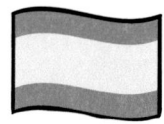

espagnol

španski

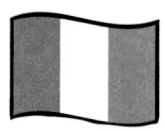

français

francuski

arabe

arapski

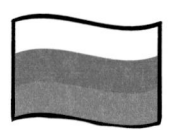

russe

ruski

portugais

portugalski

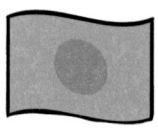

bengali

bengalski

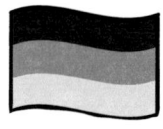

allemand

njemački

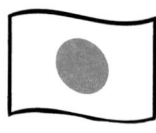

japonais

japanski

je

ja

tu

ti

il / elle / ce, c', cela

on / ona / ono

nous

mi

vous

vi

ils / elles

oni

Qui ?

ko?

Quoi ?

šta?

Comment ?

kako?

Où ?

gdje?

Quand ?

kada?

nom

ime

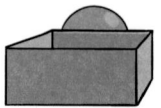

derrière

iza

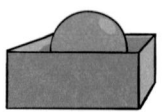

dans

u

devant

pred

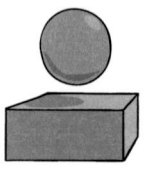

au-dessus

iznad

sur

na

en-dessous

ispod

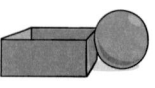

à côté de

pored

entre

između

lieu

mjesto